文史哲詩叢21

燈語

藍雲著

文史哲出版社印行

燈語目錄

第二輯　天　窗

自序

寫作，有人尊之為經國大業，有人看成是雕蟲小技。仁者見仁，智者見智。如果說是出於興趣或愛好，也許便沒有什麼可爭辯了。

不論別人對寫作的看法如何，就我而言，的確是興趣使然。我不想唱高調，說自己寫作是為了從事什麼不朽的名山事業。雖然我不否認，那是令人嚮往，值得追求的；但我知道自己只有多少斤兩，所謂「經國之大業，不朽之盛事」，實非我所能企及。我之寫作，一方面是因為我沒有別的嗜好，而覺得塗塗寫寫，樂在其中；一方面則是生活在這個世界上，尤其在目前這樣的時代，總不免會有一些感觸；我寫作，不過是抒發我在生活中的些許感觸罷了。我知道自己的作品都很平庸，並無出色之處。所幸我素無與人一較長短之心，寫不好，也不致因而沮喪。除了曾經由於生活環境關係，擱筆了一段時間，平日只要「行有餘力」，或心血來潮時，總會拿起筆來，學習塗鴉以自娛。雖然斷斷續續寫了許多年，一無成就，至今卻仍樂此不疲。寫作是我在現實生活之外的另一種生活，或者如一般人所說，是一種精神寄託。所謂「成就」也者，並非我寫作的目的；那是對寫作懷有高度企圖心的人所追求的。我不過是隨興之所至，當然不會有什麼成就（這也可說是我為自己的不才，而自我寬慰或自我解嘲的託詞吧）。

寫作的天地原甚廣闊，我走的則是一條寂寞的山路幽徑。在各種文類中，我獨鍾情於詩。說到詩，一般人往往有兩極的反應，不是把她看得太神聖，以為高不可攀，便是投以不屑的眼光；不像其他作品那麼討人喜歡。在圖書市場上，詩是屬於最冷門的產品，甚至被視為出版界的毒藥。詩人遠不如那些歌星影星之類的受歡迎；詩也不如那些言情小說或漫畫刊物風行。無怪乎有人慨嘆：在當前這樣的時代，寫詩已是一種沒落的行業。

其實，寫詩並非什麼行業，也無所謂神聖不神聖，更不必在乎市場的情況如何。寫詩，純然是詩人的心靈活動，一種自我的滿足。如果說詩人有所追求的話，應該是追求如何寫出更多更好的詩來，而非那些虛浮的名利；如果說詩人寫詩也有目的，其目的應該是除了滿足自己的興趣外，也能帶給讀者一種心靈上的享受或啟發。至於有的詩人，因為在現實生活中飽經憂患，而須以詩來作武器，抵擋愁苦的侵襲；或哀民生的疾苦，悲社會的黑暗，而藉詩以鳴不平，或加以抨擊，則發揮了詩另一方面的功能。凡是真正忠於詩，畢生樂於為詩而服役的人，絕不致因任何外在的影響而放棄對詩的職守，即使陷於深沈的苦難中，詩，仍然是其不須臾離的護身符。泰戈爾曾有詩云：「泥土被欺壓，卻報以鮮花。」可說是自古以來許多不曾被現實生活所扼殺的詩人們的最佳寫照。

我只是一個喜歡寫點詩的人，實不敢以詩人自居；所寫的作品，缺點甚多，從來不曾滿意過。因我既無才氣，又乏學養，雖然也想寫好一點，奈何綆短汲深，總是力不從心。現在我之所以不怕獻醜，又一次讓自己的作品結集問世，一如過去幾次結集出版的原因，只是為了免於作品散佚，以便保存。因為不論這些作品如何拙劣，畢竟多少有自己的心血在。所謂「敝帚自珍」，人之常情，我亦難免。

這集子裡的作品，按其內容，粗略分為三輯，每輯作品各依其寫作時間的先後編排。

第一輯「燈語」中的二十二篇作品，大都屬於一己生活的感受與心聲的流露；第二輯「天窗」中的三十七篇作品，或狀物寫景，或藉景抒情，偶有寄託；第三輯「中國結」中的三十三篇作品，則係對世事的感懷，或有所諷喻者。

這是我的第五本詩集，其中除一部分是在第四冊詩集

「方塊舞」出版前寫的外，大都為最近兩三年來的作品。我不是一個勤勉的人，自開始嘗試寫詩以來，閱數十年，不過才出版五本薄薄的集子，夠慚愧了！現在我已自服務的單位退休，今後應該會有比較裕如的時間，可以常與繆斯打交道，希望產量能多一點。至於是否會比過去寫得好些，則不敢說了。不過無論寫得好不好，只要上帝假我以時日，我都將繼續不斷地寫下去；因為這是我的興趣，好壞就非我所能計及的了。

承蒙文史哲出版社社長彭正雄先生惠予出版發行，內弟張明松在印刷方面的協助，在此一併致以由衷的謝忱。最後，也要謝謝你肯賞光來讀這本詩集，尚祈不吝指教。

一九九六年九月十九日於台北·板橋

第一輯　燈語

縱使烏雲遮蔽了星空
四周暗潮洶湧
我依然堅持自己的信念
在天下烏鴉一般黑的世界
我是拒絶污染的蓮

鼓手

夜是一面鼓
一個未眠的詩人
不時敲擊它
咚——咚——咚咚
證明這世界並非墓穴
有人還活著

夜蒙住了許多人的眼睛
將一個個軟體動物往肚裡吞
唯詩人的骨頭忒硬

眼睛是劃破夜空的探照燈
且不時敲擊那鼓
咚——咚——咚咚
告訴人們　黑夜將逝
黎明就要來臨

——一九九一、十

失眠

夜　很亮
塵封的往事
未來的風雨
千軍萬馬般，麕集在窗前
他們似乎有意來向我挑戰
企圖佔領今天晚上的時間
揚言我若不妥協
便不讓我安眠
一場無法避免的戰爭就此開始

所有的天籟地籟都加入戰鬥行列
左眼射出去的火箭落在右眼中央
右耳挨炸的炮彈來自左耳的失防
原來在山坡上的羊一隻也不見
夢　不知都逃去了什麼地方
大海茫茫，找不到岸
今夜怎的這麼長

——一九九三・三

藍色的故事

——詠七夕

一則藍色的故事
美麗了妳
妳美麗了那些愛者的心靈
今夜的天空是一方磁場
吸引了無數尋夢的眼睛
不論是帶著微笑
抑或含著淚水
都在吟詠妳留下的詩篇
嚮往亙古的戀情

在如此浪漫的夜晚
有多少鵲橋會的再版
而你始終默默地在欣賞
這塵世間的離合悲歡

歲月不曾為誰而停留
它帶走了多少人的豪情壯志
　帶走了那些沙灘上的腳印
卻帶不走比死猶堅強的金石盟
　帶不走伊刻在我心版上的字
縱然你會從日曆上出走
我與伊卻日日
沐浴在永恆的七夕情懷中

——一九九三・七

千年之約

「有聚必有散。」
是誰定的這規則？
我們雖無力反抗
只要情深緣未斷
必能重續舊夢
不論年代多麼久遠
抑或漂泊到那無人的島上
那時
再也沒有什麼能阻止我們相愛

但有海濤的祝福
　海鳥的讚美
說我們是這天地間
唯一能見證
比死更堅強的一對

所以，吾愛
如果有一天
我們不得不分離
請不必傷悲
我會永遠等著你
即使千年後
我們仍將相會

——一九九三・七

效法太陽

每天與太陽同步起床
他去做他的事
我去上我的班
他滿懷熱忱
從來不曾厭倦
我要效法太陽
在我所到的地方
散發著熱和光

——一九九四·四

一個叫詩人的人

你認識一個叫詩人的人嗎？
他的特徵有：
頭　比地球大
眼　明如月亮與日頭
眉　雙劍橫掃天下
鼻　一峰昂然而小宇宙
耳　八方風雷的先知
口　大江長河的源流

他乃一非怪物的怪物

集無數矛盾於一身
有孩童的天真
　獅子的精神
有戰士的意志
　鴿子的溫馴
有宗教家的心胸
　啄木鳥的深沉
是鄰居的笑料
　少女們心儀的鳳麟
是風　是火
　始終渴望擺脫一切羈絆的雲
是永遠不願被泥土囚禁的種子
一個在夢中都在歌唱的靈魂

——一九九四・八

秋之頌

——兼致三月詩會諸友

且勿悲秋
雖然春華不再
也無夏日擎雨蓋
但有詩心在
縱目都是橙黃橘綠
更有那楓紅勝似花的點綴
經過多少風雨　多少浪
如今一若泊岸的船

不再眩惑於那遠天的虹影
唯愛腳前的一片恬淡
淡淡的斜陽裡
有詩有酒相伴

——一九九四・十

竹語

非花
非樹
不尚裝飾
但求生活自在自如

雖有頂天立地的心志
未嘗表現得不可一世
不以高於小草小樹而自負
始終保持藹然謙恭的姿勢

似柔實剛的個性
恬淡無慾的風骨
面對一切打擊
不憂不懼

滔滔塵世，知音誰是
唯松與梅，以及蘭和菊
劉阮七子不復見
長對空山念王蘇

附註：「劉阮七子」，即：劉伶、阮籍、嵇康、山濤、何秀、王戎、阮咸等世稱之「竹林七賢」。「王蘇」乃指王維、蘇東坡等愛竹之詩人。

——一九九四・十二

等你，在永世

——給梅英吾妻

曾經等你
在月上柳梢時
當你施施然
如一尾魚向我游來
我彷彿擁有了全世界

曾經等你
在一座小橋邊
當我們相偎在一起

隱約間，那個名叫尾生的人
似在嘖嘖稱羨不已

等你，等你
我的心因等你而無比甜蜜
如果有一天，我必須遠行
在前去的那地方，我仍將等你
等著與你相聚是我們永世的心契

——一九九五・一

出來

出來，你要勇敢地走出來
從一切荆棘中走出來
從所有枷鎖中走出來
從充滿污濁空氣的舊屋中走出來
從原來的你走出來

出來，你要昂昂然地走出來
像雲從空中走出來
像黃河長江從巴顏喀拉山麓走出來
像子彈從槍管裡走出來

像火山從禁錮的地層下走出來
出來，你要瀟瀟灑灑地走出來
走到那蒼茫的曠野去
走到一任自逍遥的天地去
走向你所憧憬的域外
走向另一個新的自己

——一九九五・二

也是遠方

也是遠方
一個永遠令人陶醉的地方
亮藍的天
情人胸脯般的海洋
抹了哪嗟香膏的空氣
演奏田園交響曲的鳥唱
當我倦於這世路的顛簸
掩鼻於周遭的惡臭奇髒
那彩畫在我心中的桃花源啊
成了我最好的港灣與擋風牆

雖無舟楫，也無航空器
可以去那人人嚮往的烏托邦
我卻於一瞬間，不需簽證護照
便逍遙在那夢土上
因為去那兒並不遠，也不難
只要將一切羈絆遺忘
當下就像蛻化的蝴蝶般
蘧蘧然，在那兒起舞飛翔
——一九九五·五

落寞的雲

雖然你有翅膀
奈何這天地的籠子太窄
從東到西
你徘徊了又徘徊
一若曹孟德眼中繞樹而飛的烏鵲
你竟也有無枝可依的感慨

浪子的靈魂
始終嚮往著域外
不屑於求田問舍

一派夢想家的神采
你雖偶爾投影於波心
最愛的則是那山中的氤氳靉靆

莫非你是虛無主義者？
不執著於任何有形無形的存在
憂鬱是你的本質
縱有八方風雲際會
而你，這宇宙的浪子
卻恆落寞地獨往來

——一九九五·六

玉說

其實，我與所有的石頭
都孕育自同一個母親
不同的是，我們的際遇

在衆多兄弟姊妹中
花崗石也好，大理石也罷
都不若我的體質晶瑩特出

硬，是我們石類共同的性格
而我卻有著君子的溫潤

因此，人們稱我為玉

當我被雕琢而成一種佩飾
做了那些庸脂俗粉的點綴時
你可知道我心中的委屈

我不是頑石
處於這金玉其外的時代
我多麼希望能歸真返璞
——一九九五•七

不爲什麼

不為什麼活著
我對自己說
如雲出岫，不為什麼
如風之流，了無拘束
不黏不滯，悠悠遊遊
解放自己
打一切桎梏中超脫

人生是朝開夕謝的花朵
無風無雨者幾何

何苦讓那些身外之物來折磨
穿越了塵網迷霧
或低吟
或高歌
青睞也罷
白眼也罷
都不讓它們在心上落腳
永遠面向陽光
伴著自己的影子一步一步地走著
腳步縱然蹣跚
縱然面對一片荒涼的沙漠
我對自己說
活著，不為什麼
但求沒有苟活

無論是登高　是履薄
都謹防失落——
謹防自己失落於那些迷人的漩渦
——一九九五・八

秋夜望月

花，是春天的商標
月，是秋夜的驕傲
花木凋零的季節
露寒霜濃的中宵
有月為伴
天地便不寂寥
善解人意的玉兔
曾隨青蓮居士碧山歸
一度還應邀相與花間飲

同那孤影共徘徊
有時打他窗前經過
發現詩仙竟也思鄉未睡

多少漂泊異鄉的遊子
多少因愛受傷的心靈
都曾對月寄懷
吐露了動人的心聲
而我只想問她：為何不見
我年少時的那輪月影

——一九九五・八

蝴蝶

想像自己是朵雲
天空便無限寬了
你如是對我說

然後一縱身
便上下左右
在空中上下翩飛翩舞
忘卻過去那段蛹臥的日子
不再去想將來是否化作土
看你那麼逍遥
一無羈絆

我像走出幽暗隧道的人
眼睛忽然亮了起來

許多人誤解你
說你是花花公子型的唯美派
你只笑一笑，不願辯白
而自顧自地
朝你所嚮往的天地飛去
一度飛進莊周的夢裡
如今　飛來我的身邊說
讓我載著你
往東
　往西
往南
　往北去

——一九九五・八

九十九朵玫瑰

給你九十九朵玫瑰
留一朵作下酒的菜

水滿便溢
月盈則虧
我不是百分之百的完美
但願你了解恆久的才可貴

九十九朵玫瑰
每一朵都是我悉心的盆栽
它們將永不褪色

永遠不凋萎
久久地，在我的心中
窨藏了一種對你不變的愛

——一九九五・十一

午夜聞電話鈴響

是誰還沒睡？
忽然電話鈴響
自夜的心臟傳來
彷彿有人在長白山上的天池
投以石塊
那聲音，不啻當年
投擲於廣島的原子彈
讓那池邊的鹿群驚嚇得四散
讓睡夢中的我霍地翻身而起
既驚又憎，拿起話筒一聽

「喂！警察局嗎？」
我真想回一句：「你神經！」
但聽那慌張的語氣
我不禁同情地說
「先生，你打錯了。」
放下話筒後，我一直在想
不知那人是遭偷？抑或遭搶
是有人被綁架？抑或被殺傷
夜色深沉
我再也無法入睡

——一九九六・一

永恆的奧秘

遠遠地看你坐著
那風韻，那神采
深深吸引了我

有一種永恆的奧秘
它使枯萎的草木復甦
在灰燼裡點燃熾熱的希望
它是鹽，它是蜜
是生命中不可或缺的元素
沒有人不渴望的一種滋潤
當它悄悄進入我的心房

始知我已墜入一牢不可破的網中

可是，我只能
只能遠遠地望著你
雖然在這荒原上
你是唯一能解救我的人
我卻不知該如何向你呼救
唯恐我一出聲驚擾了你
便像那枝頭的小鳥，倉惶飛走
這時，我想起所羅門的歌
「不要驚動
　不要叫醒我所親愛的
　等他自己情願」

愛的方式　原不止一種

等 是最好的方式
我會等你
縱使等到眼穿骨化石

——一九九六•三

清明雨

清明時節雨
遊子最怕讀的詩
一滴滴，一字字
都是春蠶吐的絲

絲有盡時
心中的雨何時止
遙望拱木處
淚乾猶欲哭

——一九九六・四

當你進入我的思念中

當你進入我的思念中
我的心便成了騷動不安的海洋
每一片翻滾的浪花
每一次潮落潮漲
都緣你而起而蕩漾
都有你的倩影縺綣其中
宛若層層密密的網
網著我這個無處可逃
也不擬再逃的通緝犯
毋須鐐銬

我願向你俯首請罪
接受你的審判

當你進入我的思念中
這世界不再是沙漠
你便如一條清淺的河
打我眼前潺潺流過
那綠油油的草原
無數美麗的花朵
都由於你的滋潤而生意盎然
像蝴蝶為花的馥郁所吸引
我的心因你而進入一夢境
思念有著會飛的翅膀
不知你可看見
我日夕翩躚在你的身邊

——一九九六・四

燈語

面對黑暗
我恆抗議
不要以為我沒有聲音
便苟同那些鬼祟的行徑
凡明眼人都明白
是我揭穿了那惡者的謊言
並非舉世都已被他征服
縱使烏雲遮蔽了星空
四周暗潮洶湧
我依然堅持自己的信念

在天下烏鴉一般黑的世界
我是拒絕污染的蓮

——一九九六・五

第二輯　天窗

你很想唱一曲
陽春白雪般的歌
歌唱玫瑰紅的星光
　檸檬黃的月光
　翡翠綠的日光
你是光的戀者
吸引了那些嗜光者的眼睛

梅花

你喜歡清靜
不愛熱鬧
百花爭妍鬥艷時
你在睡覺

當北風呼呼吹著
嚴寒凜凜來到
那些嬌美的花兒都嚇得
躲的躲，逃的逃

這時，你從夢中醒來
張開眼睛一瞧
只見群山舉起白旗
你發出了勝利的微笑
——一九九〇•十一

啓明星

啟明星
先知的眼睛
默默注視著
一個新世界的誕生

夜，猶在作最後的掙扎
雖然他已陷於無可挽救的絕境
聒噪了一夜的鴟梟們
現在都暗然，不見了蹤影

這時，祇見原野上的小草
一個個精神抖擻，此呼彼應
他們正企圖
為了攻佔某一地區而進兵

隱約間，不時傳來
報曉的雞啼聲
有人起來在舞劍
有人趕赴未竟的路程

遠處，那沈睡的山巒
也已漸漸甦醒
當夜霧全然潮退
一輪紅日昂昂然地攀上了東嶺

啟明星，歷史的見證人
親眼看著這幕晝與夜的變更
他目睹黑夜的消逝
欣然迎來了黎明

——一九九〇·十一

朝陽

突破了夜的封鎖
你一躍而出
或從海面
或從山巔

因著你的出現
黑暗時代宣告結束
在你勝利的光芒下
大地展現一片歡顏

——一九九一・三

叮嚀

早晨，最動人的聲音
不是林中的鳥鳴
不是教堂的鐘聲
而是母親的叮嚀

那一聲聲叮嚀
有如引導你前進的燈
含著多少期許
流露多少關懷之情

——一九九一•五

朝露頌

雖然人生短促
你卻不曾自尋煩惱
在你那晶瑩的眸子裡
始終含著怡然自足的微笑

你服膺愛的真諦就是犧牲
為了不願白來這世間一遭
你樂意將自己的生命
奉獻給那些小花小草

一九九一・八

養鴨人家

與鴨為伍
無所謂苦不苦
眼見那些鴨兒一天一天長大
一如農夫看到收穫在即的禾黍

也算是相依為命
因此與牠們同起同住
早晨，在一片聒噪聲中醒來
晚上，看牠們入眠後才睡去

有時像牧人趕著羊群
為了滿足鴨子們的生活所需
趕著牠們去收割後的稻田裡覓食
有時帶牠們去小河裡捕食小蝦小魚

那些鴨兒被照顧得無微不至
牠們似在嘎嘎而語
「誰為我們而服役
我們就給誰財富」

——一九九一·九

廣場

袒胸露腹
盡情享受陽光的愛撫
教那些建築物站到兩旁去
甚至，那棵老榕樹也要他退居一隅

當那些逞強的高樓大廈
爭將天空一塊一塊地佔據
唯你這富而平易的老處女
獨擁一片空曠如許

你讓那些生活在鴿子籠裡的人
早晚來這裡舒活舒活筋骨
也讓那些天真活潑的兒童們
來這裡享受追逐嬉戲的樂趣

每逢節慶佳日
你邀來舞龍舞獅的隊伍
鑼鼓喧鬧聲中
你便成了人潮匯集的湖

——一九九二•九

初晤莫內

欣然見到你
一個當初被視為笑柄的人
後來竟成畫壇重鎮
在這東方的國度
散發著五千年文化的光芒中
你不遠萬里而來
可是想與八大山人或大千居士一較短長？

而你善於捕捉光
你的眼睛一若天造的染坊
是怎樣神奇的一隻手
讓那些色彩躍動
在你視線所及的一切景物上

當我來到「吉維尼地帶的塞納河灣」
忽然如觸電一般
望著那一池迷人的「睡蓮」
我又恍如走入一個幽邈的夢中
面對你，莫內啊
我彷彿聽著蕭邦的幻想進行曲
一時竟忘了置身何處
他日有機會
我將再找你多敘敘

附註：法國印象派大畫家莫內（CLAUDE MONET）的作品於一九九三年二月二日至四月廿五日，假士林故宮博物院展出。四月廿四日特偕詩人曉村兄前往觀賞。詩中有「」號者，爲莫內作品名。

——一九九三・四

詠茶

在樹上
你由芽而葉
滿懷生之喜悅
當你發覺那伸來的手
竟是難以抗拒的引誘
便毫無怨尤地任其採擷

在壺裡
你悠遊於一神秘的宇宙
如魚縱情於湖海以忘憂

既然曾經火焙
烹煮又何足畏
祇見你意氣激昂地在高謳

在杯中
你已脱胎換骨
靜靜散發著縷縷馥郁
雖無酒的魅力
　不如咖啡時髦
自有令人崇尚的古雅風標
——一九九三・五

誰能

日薄西山
誰能使他倒轉
「我能！」
那走在我背後的黑夜說
「明天早晨你將看到
他又打人們頭頂而過。」

黃葉凋零
誰能使之再青
「我能！」

那愈來愈冷的嚴冬說
「不消多久　你將看到
他們又在枝頭笑語盈盈。」

那人去了
誰能使他永生
「我能！」
一個看不見的聲音說
「種瓜得瓜　我將給他
如果他確曾獻身給永恆。」
——一九九四•二

船

生來就是流浪的命
去過許多港灣
找不到一處真正屬於我的窩
因為我是船

最了解我的心情
稱得上同病相憐的是
那到處漂泊的雲
但他遠比我幸運
整個天空一任他馳騁

我卻只能在兩岸之間徘徊
且常受困於纜的羈絆
所以，我比雲更苦悶

——一九九四•三

窗

打開窗户
　為了讓陽光進來
　　讓新鮮的空氣進來
也為了要看得更遠

雖然是個下雨的早晨
祇要將心中的窗打開
依然能看見陽光
　聽見有人在歌唱

——一九九四・五

待發

夜再深　再長
也無法阻止晨曦造訪
席夢思雖然很柔軟
終非理想展翅的地方

當第一道曙光來叩窗
你的心中便該發出回響
說你正在束裝待發
將去追尋你夢寐以求的理想

——一九九四・六

晨讀

春天的早晨宜讀詩
夏天讀愛情故事
秋天適於讀武俠小說
冬天讀偉人傳記

不論是貧是富
每天早晨讀點書
心靈才不會空虛
日子才不致虛度

——一九九四•六

鐘錶

你們的形體雖異
任務卻無二致
都是時間的代言人

時間，這宇宙中最冷酷的統治者
當一切在風中逝去時
他祇是默默注視著，不發一語

而你們成了他的馬前卒
以替他發號施令為職志

操縱著人們的行止
世人都需要休息
你們卻日夜不停地奔馳
好像從來不知疲倦

「怎不疲倦？」我忽然聽見你們說
「除了時間本身不朽
萬物都有走到盡頭的時候。」

人到盡頭歸於塵土
你們的盡頭操縱於
曾被你們操縱的人手裡

——一九九四・七

中秋月下吟

甚麼一小步，一大步（註）
那披著一襲銀紗的女子
何嘗還就人半步
她依然是那麼可望而不可即
　依然不減她那迷人的魅力
不信，請看今夜的山隈水湄
多少人對她如癡如醉

而那一度闖入月宮的壯漢
如今在那裡？

科學的腳步縱已踏碎千年的神秘
皎潔的月色卻歷萬古而常新
她永遠是美的象徵
　永遠那麼吸引人
尤其在這中秋時分

註：一九六九年七月間，美國太空人阿姆斯壯登上月球時說：這是他的一小步，卻是人類的一大步。

——一九九四・九

秋

一個多愁善感的女子
神情有點兒憂鬱
彷彿她在效顰
那低吟葬花詞的林黛玉

啊！祇見她吟著，吟著
忽然飄起一陣細雨
一陣打著寒噤的風來
吹落夢兒無數

偶爾，當她心情開朗時
眉端也洋溢著醉人的詩句
從那不失魅力的眸光裡
可以讀出她心靈深處的情愫

而她始終是那麼矜持
縱有萬般愁緒，也不願向人傾訴
除卻與她相知的秋菊，有誰啊
有誰　肯邀她同住

——一九九四・十二

迎向前去

昨夜的夢魘已逝
祇見那曙光載欣載奔
彷彿銜命報訊的使者
到處宣布黎明奏捷的喜訊

頃刻間，遠天幃幕啟處
面露微笑的朝陽蒞臨
萬物欣欣然，迎向前去
在這充滿希望的早晨

——一九九五•二

當春天來叩門

一

冰封的日子
波光隱匿
憔悴的土地上
不見愛者的足跡
但聞北風咻咻
彷彿獅子餓極
到處尋找
可吞吃的東西
人們為策安全

遂將門窗緊閉
世界啊　在這時
變得奄奄一息
那曾摶扶搖而直上的族類
也顯得痿頓乏力
四野蕭瑟
一如老嫗乾癟的形體
有人不禁在嗟嘆
「春天，不知去了那裡！」

二

春天啊春天
多少人曾為她而癡癲
莫非她是那傳說中的仙女
憑一張富於表情的臉

教百鳥引吭高歌
群花展露笑顏
山巒嫵媚得更令人神往
小河也忍不住更激灩
她手中的魔棒一揮
腐草枯木又變得生意盎然
那些被埋沒的菁英們
紛紛破土而出相見歡
她復遍撒愛的火種
在需要溫暖的人間
凡迎向她的人
她都饗以希望無限
而在她去後的日子裡
人們有著無盡的懷念

三

「春天，去了那裡？」
她絕非去閒逛
因為愛的緣故
她去各地造訪
為了撫慰那些苦難的靈魂
她走遍每一個地方
無論是繁華的都城
抑或窮鄉僻壤
凡她足跡所到之處
必然帶去一片可愛的風光
她是愛的使者，美的化身
永遠散發著令人陶醉的芬芳
她的步履輕盈，如赴情人約會般
見到她的只有喜悅，而無驚惶

當你聽見春天來叩門
快打開緊閉的門窗
她將給你新的希望，新的力量
雖然，她不可能一直留在你身旁
——一九九五．二

雨的傳奇

前世是女人
今生成了表演空中特技的飛人
來世呢？
莫非又回到原點
生生世世，恆如此遊走
不，遊戲於天地間
善變的你
常愛惡作劇
詩人們卻說
你是悲劇角色

在李清照的詞裡
在戴望舒的詩中
都有你悒鬱淒涼的影子
而你那謎一般的行止
有時會讓氣象員氣死
多少人為你而愁
多少人見你而喜
你卻從不看人臉色
總是率性而行
無視於人們的愛憎

——一九九五・三

橋

伸以雙臂
無論是親家冤家
有你牽線
兩岸不再隔如天涯

路有所不敢的
你一肩扛下
縱然面對波濤洶湧
你眼睛眨都不眨

多少舟車來來去去
竟似開了又謝的花
而你像一參透萬事的哲人
祇是默默諦視著周遭的變化

一切都如橋下的流水
歷史將為那些留下的腳印說話
你是多麼盼望啊！盼望見到
那手牽著手同遊的美好圖畫

——一九九五・七

河岸的惆悵

伸過去，伸過去
恆以兩臂
想要挽住
那一去頭也不回的流水

滿懷惆悵的岸
誰能給他安慰
花謝猶有花開時
唯有他徒歎那逝者不可追

——一九九五•十一

春天，春天

春天是萬能鑰匙
所有封閉的門扉
它都能打開

春天是魔術師
他喚醒了沈睡的花兒
叫裸露的樹急著找衣服遮身

春天是貓
蹲在你心中的一個角落
想著如何吃到魚

春天是永遠不老的頑童
也讓與他為伍的
忘記老之將至

一九九六•二

天窗

一室黝暗
因你而明亮
你是恆懸於人們頭上的一盞燈
永遠張著的一張口
彷彿在向誰傾訴
那種無語問蒼天的心事
你的心事我知道
你很想唱一曲
陽春白雪般的歌

歌唱玫瑰紅的星光
　檸檬黃的月光
　翡翠綠的日光
你是光的戀者
吸引了那些嗜光者的眼睛

對光的思慕與崇拜
絕非什麼羞於啟齒的事
你從不以帘幔來掩飾
坦坦然，一派君子的心胸
而在你腳下不遠處
有人卻始終走不出自囚的幽室

——一九九六・三

五行六帖

下雨天

下雨天，寫詩天
天空將一滴滴的雨寫在大地上
我將一句句的詩寫在稿紙上
噢！不，詩是他寫的
我祇是翻譯

罰

一個渾身都會說話的女子
有人將她畫成一幅畫
然後拿去畫廊展覽

我看了，不禁在想
這是不是給她的懲罰

笛聲

那笛聲，彷彿箭一般
箭箭射入離人的心中
奪門而出的血
以其誇張的姿勢問說
你們可知我的哀怨有多深

自動門

不設防的城
無須推敲
所有前來的均表歡迎
一若從不拒絕人的
某種女人

生態觀

蝌蚪變成青蛙
蛹成了蝶
這是自然的變化
藍黨的兒子加入綠黨
莫非也是自然的發展

面具

出一個謎語
讓衆人猜
表演結束後
卻發覺自己遺失
已經無法找回

——一九九六·三

軼題

一處神秘的花園
唯園主一人能入內觀賞
園中所有的花兒
不論是玫瑰　鬱金香
　　菡萏　紫羅蘭
　　菊花　木芙蓉
　　梅花　向陽紅
終年盛開著，馥郁馡馡
每天，每天
這花園的主人徙倚其間

恰似國畫中的一幽人
遠離了那些喧囂煙塵

一隻雲雀
偶然打那園畔經過
她美妙的歌聲
彷彿一顆顆石子
投向寧靜的湖心
從此這花園的主人便像病了一般
他的心被那歌聲所佔領
花兒的顏色似都褪了
醉人的芳香不再使他留戀
為了尋覓那激起他心中漣漪的人
於是海角天涯地去追蹤
這花園便廢如失寵的後宮

——一九九六・五

六月

六月——
初婚的少婦
美艷紅潤的容顏
恰似那枝頭
剛熟的水蜜桃

多情的大地
徒然單相思的男子
默默望著她打身邊走過
隱約間，有一種火

在心中蔓延
當那火焰
燃燒到了鳳凰樹梢
荷池中也出現火苗
人們才發覺
六月竟是個到處點火的人
——一九九六・六

火災場一瞥

始如蛇信
繼而洪汛驟至
驚濤捲起千堆烈燄
一處處的愛巢
許多心血的結晶
頃刻間化為灰燼
在慘遭毀容的斷垣殘壁間
一個被燒成木炭般的婦人
懷抱中的孩子卻毫髮無損
藉著那堅強的臂彎

逃過祝融毒手的小生命
彷彿從夢中剛醒
睜著一雙懵懵然的眼睛
不知他的母親已去了另一天地
再也不能給他襁抱提攜

——一九九六・六

野柳速寫

野柳不見柳
但見一孤零零的女王頭
在濤聲盈耳的海邊
守候久別未歸的沙鷗

潮湧而至的遊客
有誰了解她的哀愁
唯一值得慰藉的是
那些去而復來相伴的漁舟

——一九九六・七

夜台北

夜台北
一個超現實主義畫家的調色盤
納諸色於其中
繪就一襲瑰麗的晚禮服
令多少星子目眩而迷路

夜台北
一處充滿夢幻的大草原
無數的夢滋長於其中
從西門町到東區

霓虹燈下穿梭著多少新新人類

夜台北
一張有著傳統建築圖案的郵票
在那小巷的一隅
依稀傳來老祖母的聲音
「好好睏，一暝長一寸」

——一九九六·七

颱 風

颱風將至
我特地去門外走走
看他如何君臨大地
　施展他的身手

颱風，果然是出名的瘋子
擾亂天下的禍首
許多樹木房屋
一見他來便嚇得發抖

他彷彿指揮著千軍萬馬
殺氣騰騰地在怒吼
一陣箭射而下的雨中，樹倒屋塌
山洪爆發，像出柙的猛獸

颱風，這瘋狂的暴君
當他肆無忌憚地橫掃一切後
除了遍地瘡痍
便是人們對他的詛咒

——一九九六・七

山中獨步

左邊跑來一座山
右邊跑來一座山
他們迎我以滿眼的青翠
　以嚶嚶的鳥鳴
　以泠泠的泉韻
　以讓我呼吸舒暢的芬多精

一個為世界遺忘的人
受到如此親切的歡迎
彷彿被迎入王宮的貴賓

那些古樹修竹都成了我的知音
我不再覺得寂寞
當我漫步在這山中幽徑

——一九九六・七

第三輯　中國結

將綿綿五千年的遺緒編在其中
將浩浩然的長江黃河編在其中
將十二萬萬人的憂患與期盼編在其中
將無數的淚痕與笑靨編在其中
編成虬蟠待起的龍
編成振翼欲飛的鳳
編成許多美麗的憧憬
編成莊周的夢

旁觀者

——記一隻喪生輪下的貓

讓他解脫了的，那車輪
不知急奔而去到了何處
而他靜靜地躺在這路邊
竟如此悠然

他露出牙齒　咧著嘴
似在嘲笑那些來來往往的人
鎮日不停地奔波
到底為了什麼

——一九九一・十

溝

一九四九年秋
一場天翻地覆的劇變後
原來在兩岸間穿梭的一灣海峽
忽然變成不可踰越的鴻溝

多少人在海峽這邊經營鄉愁
多少人在海的彼岸望白了頭
有的竟讓異鄉成了永遠的故鄉
有的不待遠方的人歸去便已先走

是誰導演的？這悲劇
不知它還將演多久
那銜石填海的精衛鳥呢
能填平這隔絕了半世紀的鴻溝否？

當柏林圍牆已剷平　南北韓的路障也將拆除
曾經鬩牆的兄弟都已相互握手
什麼時候啊　這溝也能變為坦途
一任兩岸間來去自由

——一九九一・十二

醉在今宵

——羊令野先生七秩壽宴記

這樣的夜晚何其美
品酒論詩有如蘭亭會
舉目雖然不見山，不見水
但有壽星在座樂更倍

壽星原是詩壇前輩
曾經一度掌領詩歌隊
筆掃千軍聲名諜
而今遠避塵囂自韜晦

世事儘管有榮枯
詩人的筆則永不頹
酒店縱有關門時
詩如星斗在天恆生輝

談罷詩，復談天下烏鴉事
為壽星，也為相與同歡而乾杯
向來不善飲的人如我
此時，也不禁醺醺然欲醉

——一九九二・二

末日風情畫

夜色沈沈
沒有人知道何時會天明
此刻能溫暖人的
唯有天際那顆不寐的星

冷風陣陣
人們彼此愈來愈陌生
彷彿都來自極地
臉上覆著一層厚厚的冰

四周森森
不時有虎豹橫行
遍地蛇虺亂竄
令人怵目心驚

前路茫茫
世界儼若面臨絕境
有誰啊能再造乾坤
找回昔日失去的風景

——一九九二・三

哀 工 具

你被重視
因為可以利用你來完成許多事情
無論是剷除路上的荊棘
或是把那些坑坑洞洞填平

他曾緊緊握著你
彷彿你是他的左右手一般親信
為了表示對你愛護
他給你妥善的保養，唯恐你會病

而你以為遇到了知音
欣喜於他的寵幸
你完全聽命於他的支配
不惜為他而犧牲

當你毫無保留地奉獻出自己後
他發覺你能利用的價值已歸零
你便被棄如秋扇
始知那曾相握的手，竟這樣薄倖

——一九九三·三

灰燼

那燃燒的火焰
一直不肯瞑目地
瞅著天空
等待那些信鴿飛回
可是，日升月落了千回
眼睛等得都已裂開
瓶子破了
血都濺了出來
不料那些鴿子
竟一一自殺在遠方的海上

如今，鴿子沒有回來
卻傳來一陣陣的腐屍味
那燃燒的心啊
終於在一場大雪後
悽然枯萎成灰燼一堆

——一九九三・六

那人

打懵然中來，又向懵然中去
那風乾魷魚似的男子
曾經韌性十足
為了一個九級頑固的夢
一直在他心中糾纏著
這便成了他之所以
活下去的藉口

（他說：人若沒有夢
不過是一具飯囊衣架而已

沒有夢的人生是
沒有星月的夜晚
沒有窗子的房屋
活著，就毫無意義）

現在，他別無所有
唯夢是賴
日日以夢代酒
一杯復一杯
他願醉在夢裡不醒
以為有夢
就有了一切
有了夢就能拋卻人世的悲哀
可是，悲哀始終影子一般地跟著他

（有誰能永遠活在夢裡呢）
當他發覺那夢竟是一個騙子
騙去了他半生的歲月
便不禁嚎啕大哭
哭聲驚動了那些正在田裡耕種的人
一個個訝然地問著
那人在哭什麼

——一九九三・四

端節有感

又是蒲月
又是龍舟競渡時節
那行吟澤畔的孤影
汨羅江的嗚咽
曾令多少人浩歎的畫面
如今變為節慶的歡躍
同一張日曆，在兩岸
同樣歡度得有聲有色
五十年的分隔

何嘗讓五千年的血脈隔絶
那些健忘症的患者啊
可曾聽見歷史的告白

站在陽明山上俯瞰
淡水河正以熱情的手伸向
那遠遠奔來的長江
彷佛兩手相握在波瀾起伏的海上
而在每一朵澎湃的浪花中
都含有帶淚的微笑，跳躍的希望

——一九九三・六

明天，還有多遠

長夜漫漫
大海茫茫
明天在那裡？
有人依然滿懷信心地說
「也許像夏天午後驟然而至的雨
（讓氣象台的播報員都為之訝異）
明天可能就在我們航行的途中誕生」
是啊！就是這個「可能」
驅使我們不停地前進

前去尋訪那個叫明天的人
明天，一個何其誘人的名字
雖然不曾謀面
（不像那個名叫從前的女子
始終與我們的生命相纏綣）
不悉她的模樣到底如何
衹是聽人描述她的丰姿
彷彿擁有她，就擁有無比的幸福
追尋她，就成了活下去的唯一目的

打出發那天起
一路上，便波詭雲譎
那野獸一般
迎面而來的驚濤駭浪
曾令多少人喪膽

卻也讓不少人變得更堅強
風浪不足畏
可畏的是時光的魔掌
最堅強的人也難敵他的摧殘
有人還未來得及與明天見面
便在那不肯饒人的時光面前倒下了
你可聽見那人倒下時猶在喊著
「我好不甘心！」

現在，仍沒有人知道明天在那裡
但是必須繼續這未竟的航程
空氣愈來愈沈悶
有的人在打盹，有的在看雲
有的難耐長途的航行
緊鎖的眉頭不禁在問

「明天，還有多遠？」
大海無語
天亦無語

——一九九三・九

中國結

一縷一縷的絲
一根一根的線
上扦下拽
左繞右轉
在那慧心巧手的編織下
中國結就這樣產生
將綿綿五千年的遺緒編在其中
將浩浩然的長江黃河編在其中
將十二萬萬人的憂患與期盼編在其中

將無數的淚痕與笑靨編在其中
編成蚪蟠待起的龍
編成振翼欲飛的鳳
編成許多美麗的憧憬
編成莊周的夢

在這千糾萬纏的結構中
有他
有我
有你
如何能割斷一脈相承的昆裔說
自己不屬於這生命共同體
已然緊密結合的命運啊
一如人的血脈，如何能分離

——一九九三・十二

蝴蝶夢

他曾夢見自己是大鵬
展翼直沖九霄
雄心欲鼓整個天空
而夢中日月如飛
祇見他一覺醒來
尋尋覓覓
在群花間
何嘗見那夢的影蹤

不是鵬
亦非龍
使他陶醉的不過是夢
一襲比夢還易碎的蝶衣
如何能摶扶搖而上九萬里
更遑論迎戰風雨的吹襲
可歎復可憐的是
那人夢醒時的淒迷

——一九九四・六

蟬

你生怕人之不已知
一躍而上高枝
自拉自唱
好不得意

其實，你唱來唱去的那套詞兒
人們早已聽膩
縱有警語，也是風多易沉
徒然費聲而已

總以為自己是先知
卻不懂「行而不名處」的道理
往往一不留神
便落於那捕蟬者的手裡

託庇於夏日濃蔭的你
只知炎附寒棄
當朔風橫掃大地時
你默然而逃，哪有什麼骨氣

——一九九四・七

某酒徒

那人踏著波浪的步子而來
一面不停地向人舉杯
一面大聲地嚷著
「我沒有醉！」

是的，他沒有醉
在他的眼中
醉的是這東倒西歪的世界
而他比誰都清醒

許是他太清醒
所以比誰都痛苦
當他痛苦得不堪忍受時
便開始嘔吐

嘔！嘔！
且看他嘔出一地穢物
讓所有見到的人
都為之卻步

於是，他再也找不到人乾杯
便將酒杯一甩
像一株頹然倒下的樹
躺在那裡呼呼大睡

——一九九四•八

謎

——迎一九九五

一九九五
一尊現代的司芬克斯
在始終籠罩著一片陰霾的島上
向每一個來到她面前的人問說
「明天，你知道明天的謎底嗎？」
有人說：它是木馬屠城記的翻版
有人說：它是所多瑪悲劇的重演
因此，有人已將一隻腳
跨在加拿大　貝里斯……的土地上

有人無所適從而夜夜失眠
也有人裝作什麼都沒聽見似的
一直默默埋頭在耕他腳下的幾分地
他對自己說：管他明天是什麼
到時候，答案自然就會揭曉
就會看到一切
將如一九九四
一九九三
一九九二
一九九一
……………
都化作一股煙般地過去
——一九九四・十二

嘆息

發自生命深處的跺腳
當他看到自己的夢
頻頻跌跤
想到與這世界譜出的戀曲
竟是還不清的債
天地愈來愈窄
癌症般的無奈
那隻出走的鴿子
始終不見飛回
山上的松濤

•嘆　息•

海上的波瀾
彷彿都在暗示
即將來臨的風雨
可能爆發的火山
一種無人能解的隱語
其重量，足以壓彎
一個硬漢的腰幹
處於低氣壓籠罩的季節裡
有人在做深呼吸運動
很蘇東坡式的

——一九九五•二

鑰匙兒

二十世紀末期
世界變得真離奇
許多新產品紛紛出籠
午妻、愛滋……
有一種鑰匙兒
也是這世紀的特產之一
他們不是孤兒
家中卻不見父母的蹤跡
裸抱提攜的手

變成了一串鑰匙
倚閭而望的眼神
只有在故事書裡尋覓
太早　也飽嘗了太多
寂寞的鑰匙兒
小小的心靈，只知
等著他回家的是電視機
一串鑰匙為他開啟了重重的家門
卻打不開對「家」字的疑義

——一九九五•二

老鴉夜啼

每夜，那林中
總有一隻老鴉在哀啼
向遠天的星星，路過的風
訴説她的失望與悲悽
半生劬勞付流水
有時還被當球踢

啼著啼著，那老鴉
她的啼聲中湧出了無限疚意
昔日對待父母的畫面

如今像毒蛇般將她啃噬
聽她那既悲且悔的哀哭
有多少欷歔啊　多少警惕

附註：鴉乃烏之別種。烏知反哺，鴉則否。據載：某地一老媼，遭其不孝子女當球踢。爰仿白居易之「慈烏夜啼」作此詩。

——一九九五・三

夏夜之惑

薔薇般怒放的夏夜
蛇類最活躍的季節
每一盞霓虹燈
都在吹奏那魔笛
引來蛇們無數
在那些不是密室的密室裡
進行肉搏戰
整座城市已然陷落
在這風月無邊的浪潮中
祇見那聳立一隅的教堂

如一落寞的老者
徒然蹲在那裡興歎

——一九九五•六

結與碑

——參觀台北新公園「二二八紀念碑」有感而作

走在大街小巷
我看見許多人的臉上　心中
都有一個糾纏不清的結
始終在隱隱作痛

多少年過去了
這結的顏色依然那麼鮮紅
依然不時敲擊著人們的記憶
成了揮之不去的惡夢

因為這結曾經是一場浩劫
多少生命　在那浩劫中失去影蹤
它製造了無數孤兒寡婦
使許多人的美夢成空

如今，這結已化而為碑
巍巍然，聳立於歷史的靈宮
每一個前來參謁的人
都將聽到它所發出的暮鼓晨鐘

——一九九五・七

山洪

那座守護大地的山
做了一個奇異的夢
他夢見自己長了翅膀
時而西，時而東
像那自由的雲
遨遊在遼闊的天空

後來他醒了
發覺仍在原地站著不能動
有人竟施虐，以致遍體鱗傷

他感到極其心痛
不禁難過得哭了
哭的眼淚成了滾滾山洪
——一九九五•八

尋訪六記

尋人記

穿街過巷，只見一張張
馬蒂斯筆下的面孔
那些物化為火成岩的心靈
一個個臃腫得有如汽油桶

這世界，打什麼時候開始
變得愈來愈浮華而空洞
觸目所及，盡是光怪陸離
我所要找的那人，始終如夢

覓職記

不仕　不商
瘦成一株唯清影相依的竹子
舌耕罷而已臨夕照時分
餘力猶堪幾許奔馳

欲覓人生第二春
卻到處布滿狐疑
在這闇昧且寒意襲人的時代
但願能步武普羅米修斯

探險記

我不是愛麗絲
但與她同屬夢幻國度的人
為探索那陰暗中的光源
一度幾乎以身殉

這世界最蠻荒的地方
不曾使我怯於進軍
而令人膽戰心寒，為之感歎的
是處處陷阱的都市叢林

問路記

走著走著
未料來到一個十字路口
我搔首踟躕
不知該向左抑向右

於是我問路旁的一老者
祇見他默默地直搖頭
（原來他雙目已失明）
我便繼續朝自己認定的方向走

求醫記

近來時常頭暈
夜裡也睡得不寧
我去求診於一門庭若市的醫院
希望能改善這情形

為我診察的，據說是位名醫
看他那乾橘子皮的臉上，似睡未醒
聽了我的主訴後，他擠出一絲笑容說
「不要緊……我也有與你同樣的病」

訪友記

那天，忽然想去看一個朋友
想到我們會面後的把酒吟唱
我便一路又是車，又是船
逸興遄飛地來到了他所在的城邦

這時我才發覺：竟忘了他已遷居
也罷，見面的喜悅既在來時的路上豫嘗
此番未見，沒什麼好遺憾
人生　豈不就是這樣

——一九九五•十

廣場一瞥

在莫斯科廣場
有一尊偉人的塑像
許多崇拜他的人
常來頂禮瞻仰

一天，有隻小鳥
竟來拉屎在那像的頭上
然後得意地叫了一聲離去
也不管看見的人如何想

——一九九五・十一

大樹與小草

有一棵樹
高大　挺拔
一派自命不凡的樣子
嘲笑那些小草小樹不如他

一天，不知哪來的野火
所有的草木都被焚燒
一堆灰燼中
誰卑？誰高

——一九九六・六

高速公路

你，箭一般射去的路
有時竟成了生命的終結者
你讓那些如野馬奔馳的
忽然來次驚心的演出
霎時　血肉橫飛的畫面
便呈現在人們的眼前
「賓士」和「可樂娜」
擁吻成了一堆廢鐵
這一幕幕的悲劇
是否都由你導演？

別說什麼你未殺伯仁
若非你的誘惑
誰會去與風競速
誤信你會授以縮地術
讓人目的地沒去成
卻被帶去了幽冥
有人懷疑
你的誕生
你所象徵的進步
究竟是功多抑過多？

——一九九六•三

滑稽列傳

一

一個博愛為懷的眼科醫生
戴一副八百度的近視眼鏡
他告訴病人如何保眼護目
卻忘了自己的眼睛

二

那號稱半仙的相士
坐在公園裡為人算命
他指點人們如何趨吉避凶

卻在回家的路上遭遇車禍喪生

三

一個從商失敗的市儈
想到穩賺不賠的生意經
披一襲袈裟，在街頭化緣
手中的破缽竟成了他的萬寶盆

四

那打著為民服務旗幟的人
鎮日於那些黑金之間奔走不停
人民福祉，國家利益的口號
竟已忘得乾乾淨淨

五

一個名聞遐邇的女作家
昨天猶在勉勵讀者要愛惜生命
今天的晚報卻報導
她竟自縊結束了人生的旅程

六

那被視為正義化身的法官
多少人的是非曲直曾經他來判定
卻敵不過孔方兄的誘惑
竟也繫身囹圄，令人齒冷

——一九九六・四

夢的墳場

——記一個失足的女子

夢在前面不遠處招手
眼看一步就可投入其懷中
豈知才舉足
便跌入臭水溝
乃覺這繁華的都城
處處是陷阱
原以為是奔赴夢中天堂
結果卻走到了夢的墳場

她曾為自己被葬送的夢
　早謝的青春而飲泣
而今淚已乾
　心已枯
如一株置身荒野
橫遭斧斤肆虐的樹
未至秋分便已落葉
在她面前的是一望無垠的夜

——一九九六・六

懸案

有人控告月亮
說他謀殺了李白
可是卻找不到兇器
也沒有其他有力的證據
只有采石磯指證
曾看見月亮心存不軌
將李白引誘到了江上
（沒有帶他去西湖
因那湖水不夠深
淹不死那酒鬼，又叫詩仙的）

趁他正要吟詩之際
冷不防，一把將他推入江中
當時李白還喊著：
我不要洗澡，不要……
喊著，喊著
一忽兒，就看不到人了

法官審訊時
月亮卻辯稱
「李白是我多年的老友
我怎會害他
我怕他寂寞，曾陪他從碧山回家
他也經常找我與他對酌
我既不貪圖他的財產
（誰知他除了詩以外

還有什麼值錢的東西）
又不想染指他那貌似無鹽的妻子
謀殺他的絕對不是我」

可是，街坊間卻流傳說
李白的確是月亮害死的
因為月亮善妒
（一如曹操之嫉妒楊修）
看到李白鋒芒太露
唯恐奪去他的光芒
便設計加以謀害
讓李白死得不明不白
成了歷久未破的懸案

——一九九六・七

國家圖書館出版品預行編目資料

燈語／藍雲著. --初版. --臺北市：文史哲，民85

面；　公分. --（文史哲詩叢；21）

ISBN 957-549-043-6（平裝）

851.486　　85012015

㉑ 文史哲詩叢

燈語

著者：藍雲

出版者：文史哲出版社

登記證字號：行政院新聞局局版臺業字五三三七號

發行人：彭正雄

發行所：文史哲出版社

台北市羅斯福路一段七十二巷四號

郵撥〇五一二八八一二彭正雄帳戶

電話：三五一一〇二八

印刷者：文史哲出版社

實價新台幣二〇〇元

中華民國八十五年十一月初版

ISBN 957-549-043-6